RAFAEL SANCHES

Papa-Livros

O MENINO QUE ADORAVA O ARCO-ÍRIS.

NICOLAS ADORAVA A CHUVA.
O BARULHO DOS TROVÕES DEIXAVA
O GAROTO ALUCINADO.

ELE FICAVA NA MAIOR TORCIDA, SABOREANDO OS DELICIOSOS BOLINHOS QUE SUA AVÓ FAZIA, ENQUANTO NÃO PODIA BRINCAR NO QUINTAL.

AGUARDAVA ANSIOSO O FIM DA CHUVA,
QUANDO APARECERIA O SOL, TRAZENDO
AQUELE MARAVILHOSO ARCO-ÍRIS. ELE
ERA APAIXONADO POR CORES.

GOSTAVA TANTO DE CORES QUE UM DIA, DEPOIS DA AULA, FOI ATÉ A BIBLIOTECA DA ESCOLA PROCURAR UM LIVRO QUE FALASSE MAIS SOBRE ELAS.

BIBLIOTECA

QUERIA SABER DE ONDE VINHAM, COMO SE FORMAVAM E COMO ENTRAVAM NO ARCO-ÍRIS. SERÁ QUE ERA O SOL QUE AS COLOCAVA LÁ DENTRO?

NEM IMAGINAVA QUE AQUELA BUSCA PELO SABER IRIA
LHE ENSINAR MUITO MAIS DO QUE PROCURAVA.

TODA BIBLIOTECA PARECE IGUAL. AQUELE MONTE DE ESTANTES CHEIAS DE LIVROS, MUITA GENTE LENDO E UM SILÊNCIO ENORME.

NICOLAS NÃO PODERIA DESCONFIAR, PORÉM, DE QUE NAQUELA BIBLIOTECA IRIA ENCONTRAR, ALÉM DO LIVRO QUE BUSCAVA, UM PAPA-LIVRO.

PAPA-LIVROS SÃO CRIATURAS MUITO INTELIGENTES QUE MORAM ENTRE AS FOLHAS DOS LIVROS, POIS SE ALIMENTAM DE CONHECIMENTO.

EMBORA EXISTAM AOS MONTES , É MUITO RARO ALGUÉM QUE CONSIGA VER UM. SOMENTE CRIANÇAS MUITO CURIOSAS E CHEIAS DE VONTADE DE APRENDER PODEM ENXERGÁ-LOS.

NESSE LIVRO QUE NICOLAS PEGOU, MORAVA

COLORE

O PAPA-LIVRO DAS CORES.

NICOLAS SE ASSUSTOU AO ABRIR O LIVRO E VER AQUELE MONSTRINHO. PORÉM, ELE FOI LOGO SE APRESENTANDO:

OLÁ! SOU COLORE. E VOCÊ DEVE
SER O NICOLAS, NÃO É?
PERGUNTOU A CRIATURINHA.
NICOLAS, SEM NADA ENTENDER, RESPONDEU:

SIM, EU ME CHAMO NICOLAS. COMO SABE MEU
NOME? FALOU, OLHANDO PARA OS LADOS.

SEMPRE SABEMOS, PRINCIPALMENTE
QUANDO ENCONTRAMOS CRIANÇAS
CURIOSAS COMO VOCÊ.

COLORE, QUE ALÉM DO NOME DE NICOLAS, SABIA TAMBÉM O QUE ELE BUSCAVA, EXPLICOU QUE TODAS AS CORES VINHAM DAS CORES PRIMÁRIAS: O AZUL, O VERMELHO E O AMARELO. ENQUANTO FALAVA, ELE PRÓPRIO IA MUDANDO RAPIDAMENTE DE COR.

COLORE DISSE TAMBÉM QUE AS OUTRAS CORES QUE VINHAM DAS CORES PRIMÁRIAS ERAM RESULTANTES DE MISTURAS ENTRE ELAS. POR EXEMPLO, JUNTANDO O VERMELHO E O AMARELO, CHEGAVA-SE AO LARANJA. E, SE EM VEZ DO VERMELHO SE COLOCASSE O AZUL, SURGIRIA O VERDE.

FALOU AINDA QUE A LUZ ERA UMA ENERGIA TANTO TÉRMICA QUANTO LUMINOSA E QUE O SOL TINHA MUITO A VER COM AS CORES, TANTO QUE NO ESCURO NADA ERA COLORIDO.

ENTÃO, SE ELE NÃO
RECEBESSE DIRETAMENTE
LUZ, VIESSE ELA DE ONDE
VIESSE, PERDERIA UM
POUCO DE SUA BELEZA.
EXPLICOU QUE CADA RAIO
DE LUZ TINHA TODAS AS
CORES QUE PUDÉSSEMOS
IMAGINAR E AINDA
ALGUMAS MAIS.

COLORE CONTOU A NICOLAS QUE, SE MISTURÁSSEMOS TODAS AS CORES DE TINTA QUE EXISTISSEM, VERÍAMOS SURGIR UMA COR QUE SE APROXIMARIA MUITO DO PRETO.

20

FALOU QUE COM O BRANCO ACONTECIA EXATAMENTE O OPOSTO: ELE REFLETIA TODAS AS CORES E NÃO GUARDAVA NENHUMA CONSIGO.

ENTÃO, NICOLAS PERCEBEU QUE ASSIM COMO AS CORES DEPENDEM UMAS DAS OUTRAS, NA VIDA TAMBÉM NINGUÉM FAZ NADA SOZINHO.

NICOLAS ADOROU AQUELAS DESCOBERTAS. VOLTOU PARA CASA E CHAMOU OS AMIGOS PARA CONTAR O QUE HAVIA APRENDIDO. QUERIA QUE TODOS SOUBESSEM COMO AS CORES SE FORMAVAM. OS AMIGOS FICARAM SURPRESOS E FELIZES COM AQUELA NOVIDADE.

QUANTO MAIS CONVERSAVAM, MAIS A TURMA DESCOBRIA OUTRAS COISAS. PERCEBERAM QUE CADA UM TINHA UMA PREFERÊNCIA: UM GOSTAVA MAIS DO AZUL, O OUTRO ERA APAIXONADO PELO AMARELO, E HAVIA UMA AMIGUINHA DE NICOLAS QUE ACHAVA O VERMELHO A MAIS LINDA DE TODAS AS CORES.

TODOS ELES APRENDERAM UMA LIÇÃO MUITO IMPORTANTE: ASSIM COMO AS CORES QUE SE JUNTAM PARA DAR ORIGEM A OUTRAS, NÓS PODEMOS TAMBÉM NOS UNIR E TRABALHAR NO BEM PARA DAR ORIGEM A UM MUNDO CADA VEZ MELHOR.

Instituto Beneficente Boa Nova
Entidade coligada à Sociedade Espírita Boa Nova
Av. Porto Ferreira, 1.031 | Parque Iracema
Catanduva/SP | CEP 15809-020
www.boanova.net | boanova@boanova.net
Fone: (17) 3531-4444